Gemüse im Garten

von Dr. Erwin Eigner

gezeichnet von
Elisabeth Zink

Frisches Gemüse sollten wir jeden Tag essen. Es enthält viele Stoffe, die unsere Gesundheit erhalten. In früheren Zeiten wurden alle musartigen Speisen ,,Gemüse'' genannt. Heute steht das Wort Gemüse für Gartenpflanzen, die gekocht oder frisch als Salat auf den Tisch kommen.

Siebert Verlag

Rettich

Schon vor vielen tausend Jahren aßen Menschen Rettiche. In welchem Land sie zuerst gezüchtet wurden, wissen wir nicht genau. Unser Wort Rettich, in manchen Gegenden auch „Radi", läßt sich auf das lateinische Wort „radix", die Wurzel, zurückführen. Heute können wir Rettiche das ganze Jahr über kaufen: rote und rotweiße Radieschen neben weißen, roten und sogar schwarzen „Wurzeln".

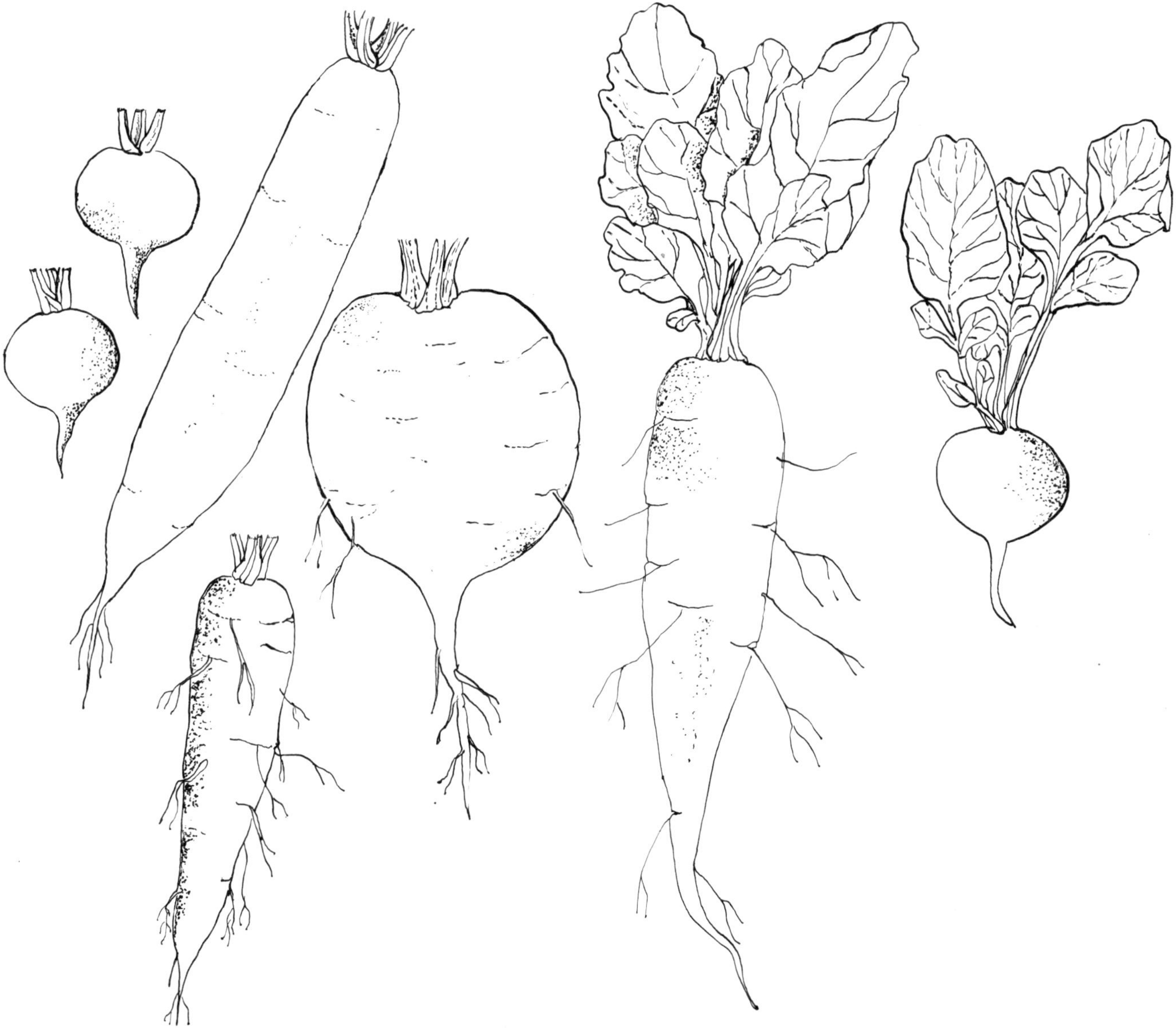

Kohl

Aus dem Wildkohl (unten rechts) zog der Mensch in langer Arbeit viele Kohlarten. Er wählte immer nur bestimmte Pflanzen aus und züchtete sie weiter. So entstanden rote und weiße Kohlrabi, Rosenkohl, Blumenkohl und Weißkohl. Die Raupen des Kohlweißlings (rechts oben) fressen Kohl in großen Mengen, bevor aus ihnen Schmetterlinge werden. Sie lassen uns oft nur noch die Blattrippen.

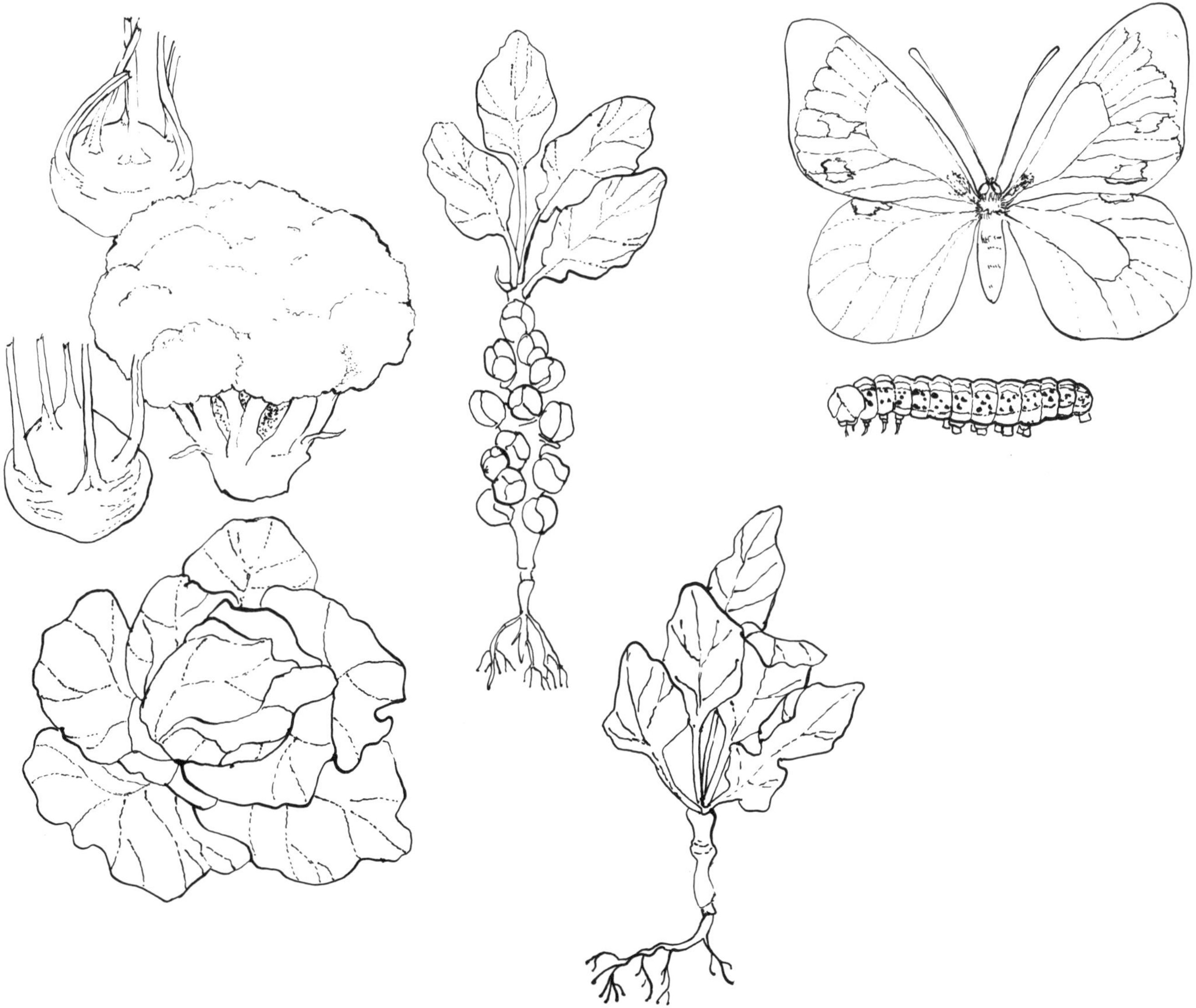

Zwiebel und Lauch

Manche Leute mögen keine Zwiebeln. Für viele Speisen sind sie aber unentbehrlich. In den Gärten Asiens wurde die Zwiebel schon vor Jahrtausenden angebaut. Von dort kam sie in alle Länder der Erde. Wir können heute zwischen vielen Sorten wählen. Der Knoblauch (unten Mitte), ein anderes Zwiebelgewächs, stammt ebenfalls aus Asien. Wegen seines Geruchs und Geschmacks mag ihn nicht jeder, obwohl er Heilkräfte besitzt. Den Porree oder Lauch (rechts) verdanken wir den Gärtnern der Mittelmeerländer.

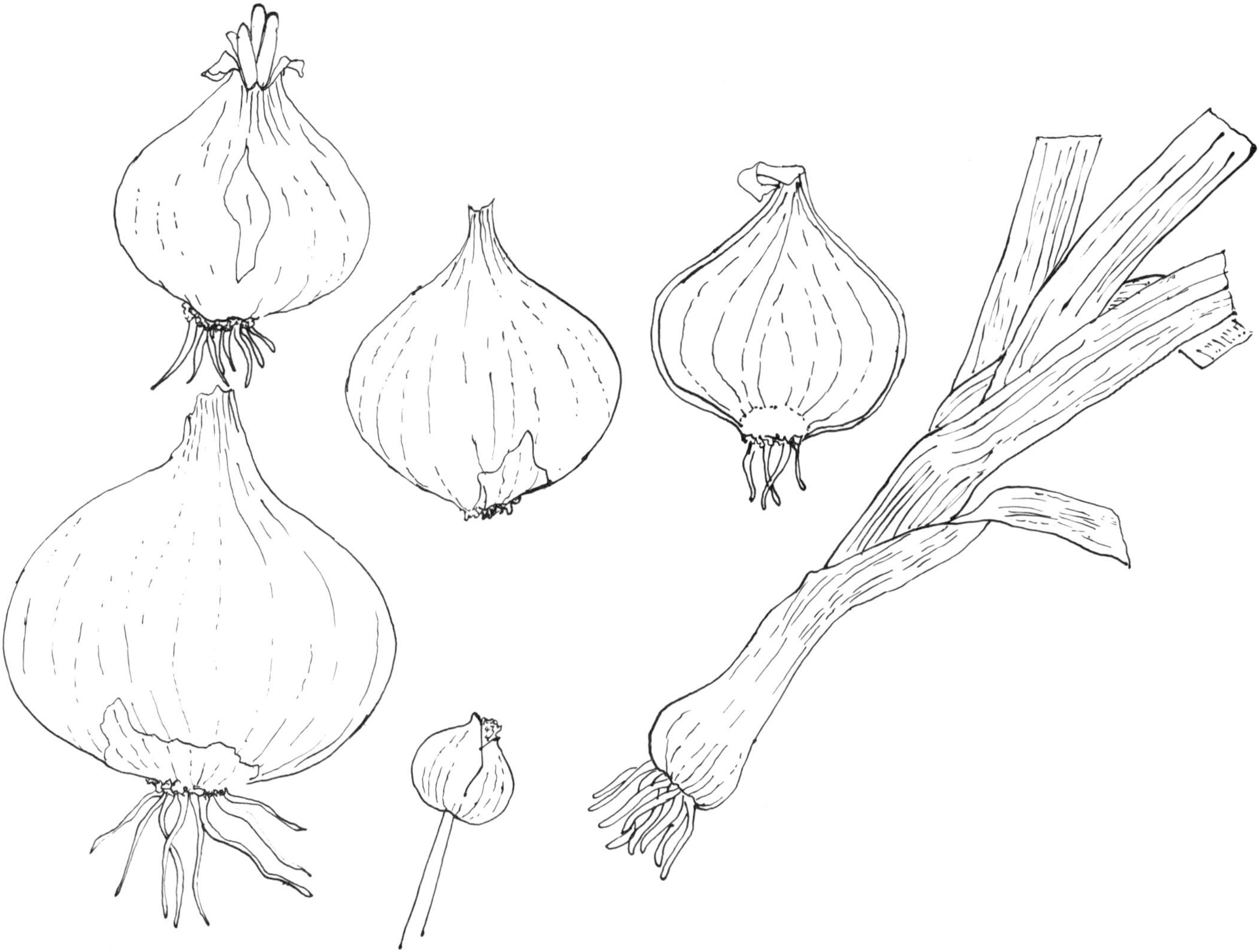

Gurke

Vom fernen Asien breitete sich auch der Gurkenanbau über die ganze Erde aus. Bei uns tauchte das Kürbisgewächs mit den saftigen Beerenfrüchten erst vor wenigen Jahrhunderten auf. Das griechische Wort „angurion" wurde in das deutsche Wort Gurke umgewandelt. Nur aus den weiblichen Blüten, den Stempelblüten (unten links), werden Früchte. Die männlichen Blüten (unten rechts) verwelken bald.

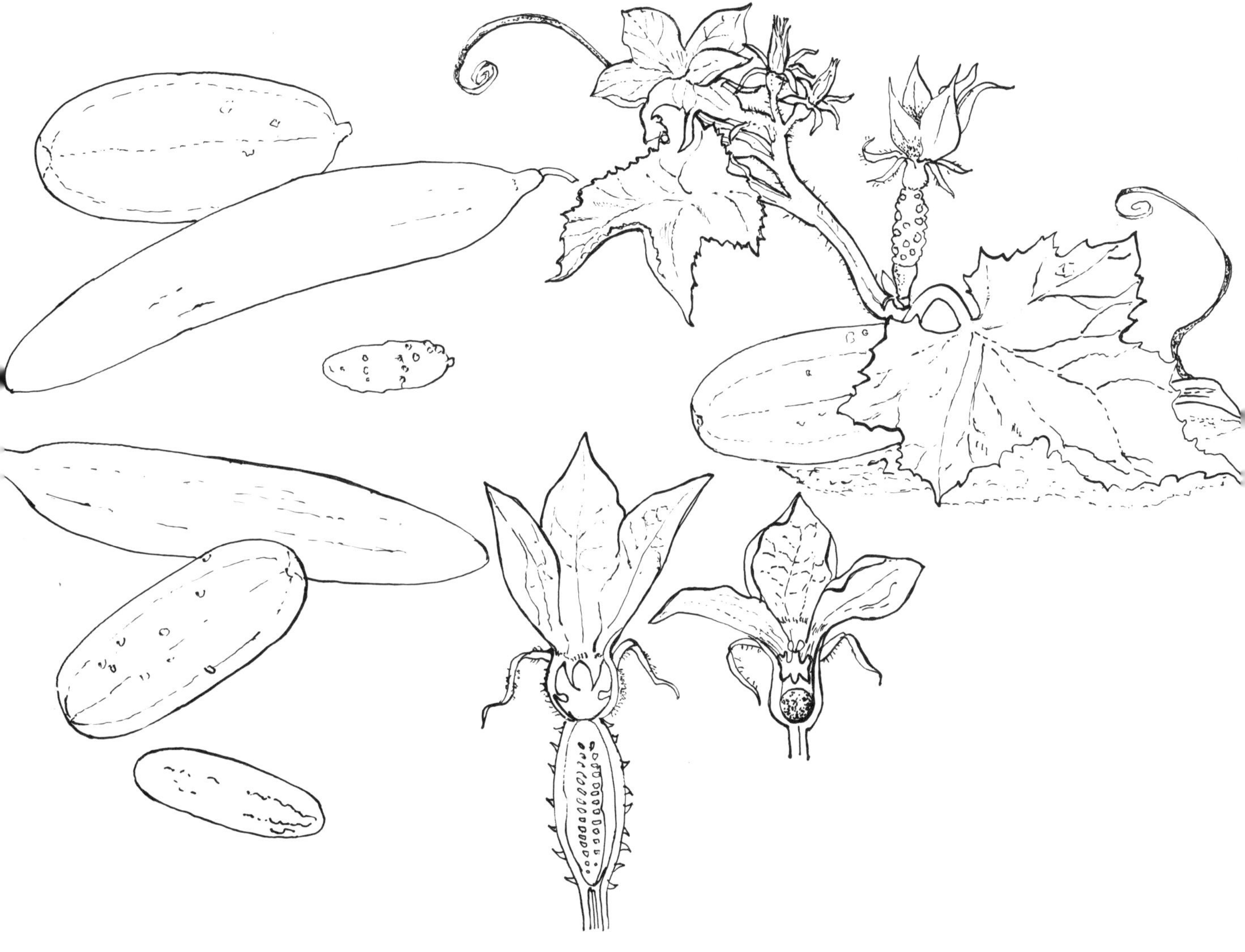

Tomate
Die Indianer Mexikos ließen sich schon vor vielen hundert Jahren die roten „tomatl", die Früchte der Tomatenpflanze, schmecken. Spanier brachten das Gewächs als Zierpflanze nach Europa. Erst seit dem Jahre 1900 werden die roten „Beeren" auch bei uns gegessen. Tomatenblüten gleichen bei genauem Hinsehen den Kartoffelblüten. Beide sehr frostempfindlichen Pflanzen haben wir von den Indianern übernommen.

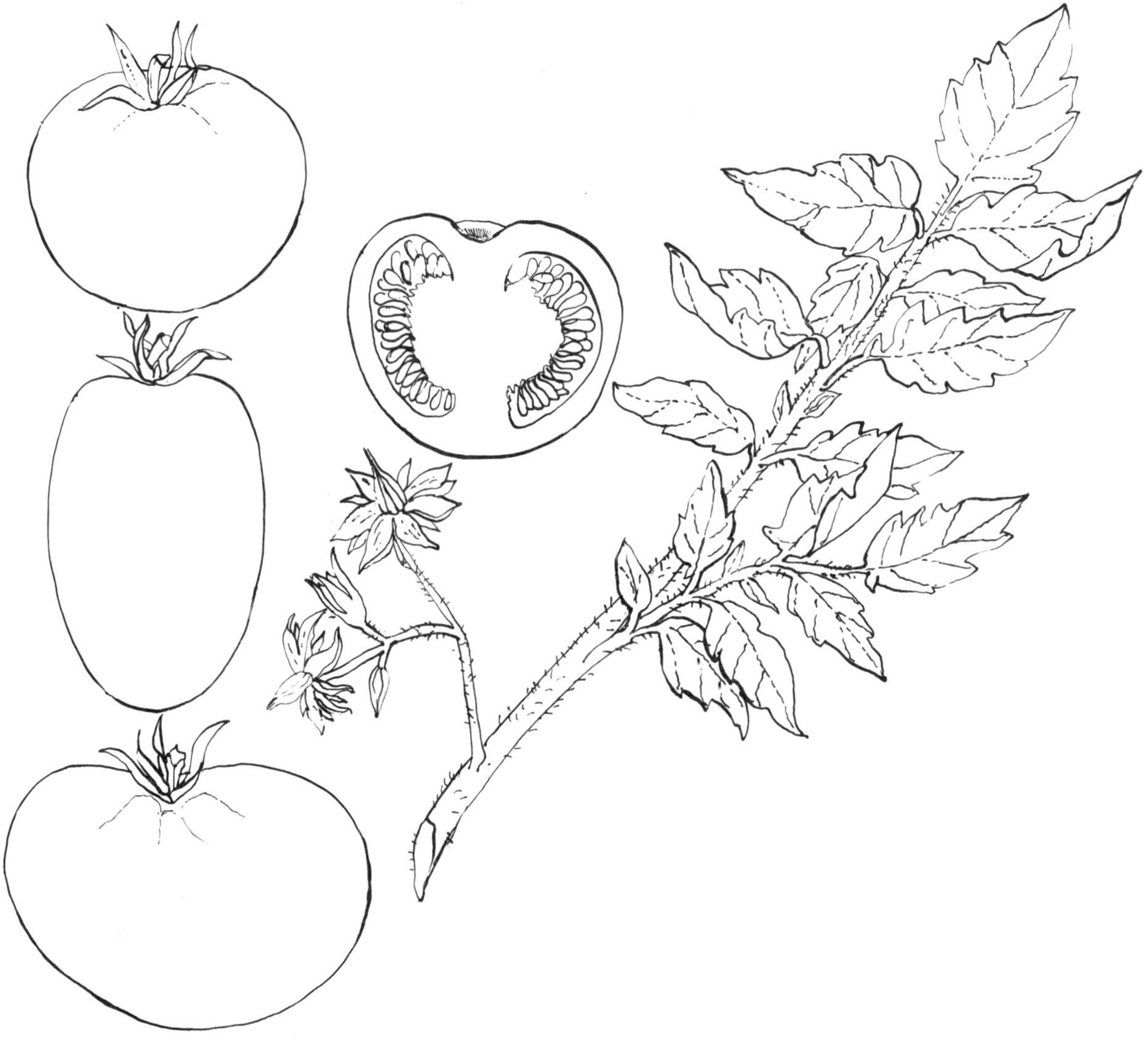

Buschbohne und Stangenbohne

Auch die Bohne haben die Indianer Amerikas für uns als Gemüsepflanze entdeckt. Sie liebt ebenfalls die Wärme. Die Gärtner ziehen sie als niedrige Buschbohnen (unten Mitte) und als rankende Stangenbohnen (links). An den großen Bohnensamen läßt sich gut beobachten, wie Pflanzen keimen und heranwachsen.

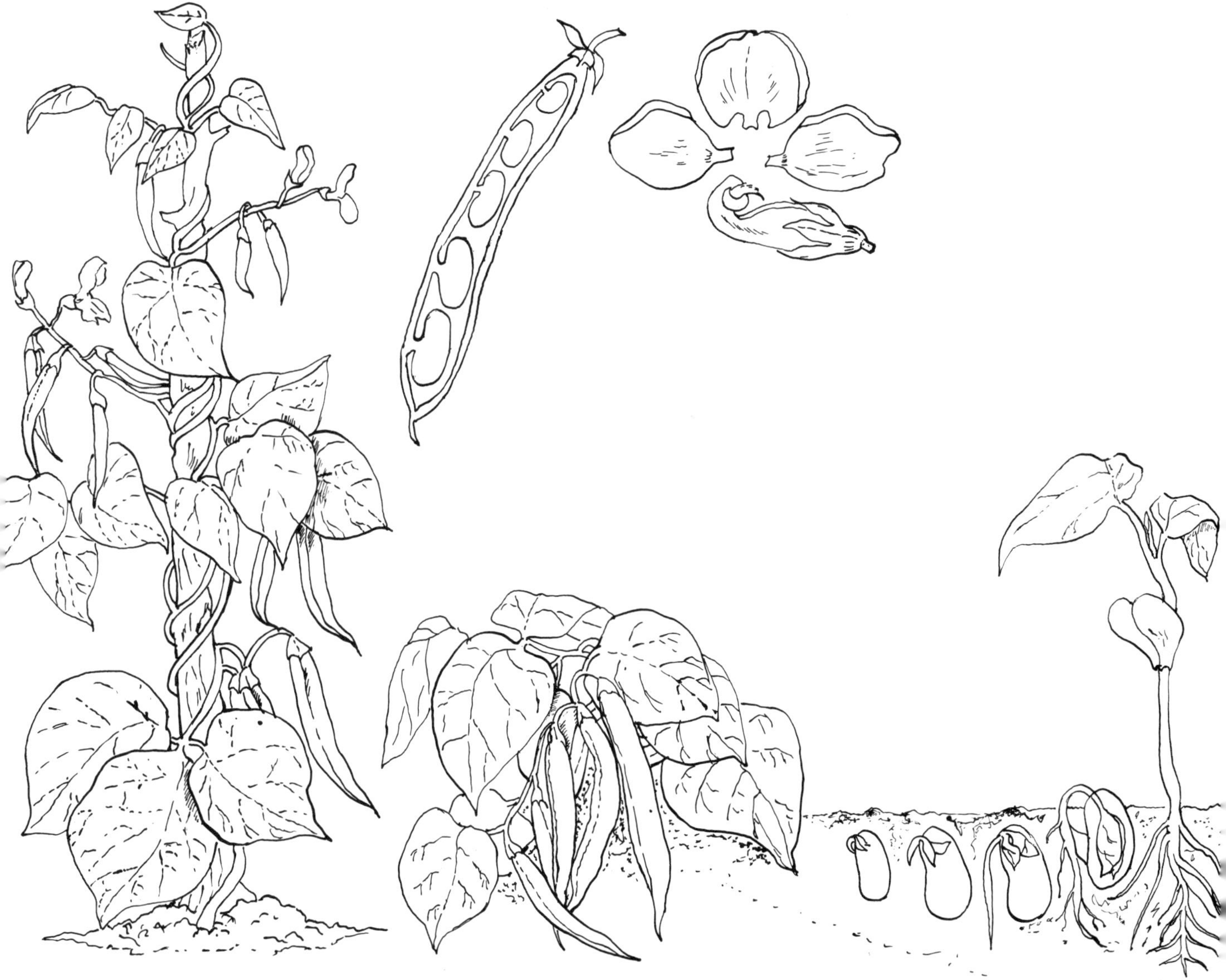

Sellerie

Kaum jemand kennt den Wildsellerie. Er wächst an moorigen Bachufern und auf feuchten Wiesen. Vor einigen hundert Jahren entdeckten Feinschmecker das würzige Gemüse und holten es in die Gärten. Heute wächst Sellerie in großen Knollen. Von dem schmackhaften Blattsellerie – auch Stangen- oder Bleichsellerie genannt – werden nur die fleischigen Blätter zubereitet. Der Name Sellerie geht auf das lateinische Wort „selinum" zurück, das Petersilie bedeutet. Die Blätter dieser beiden Pflanzen sehen sehr ähnlich aus.

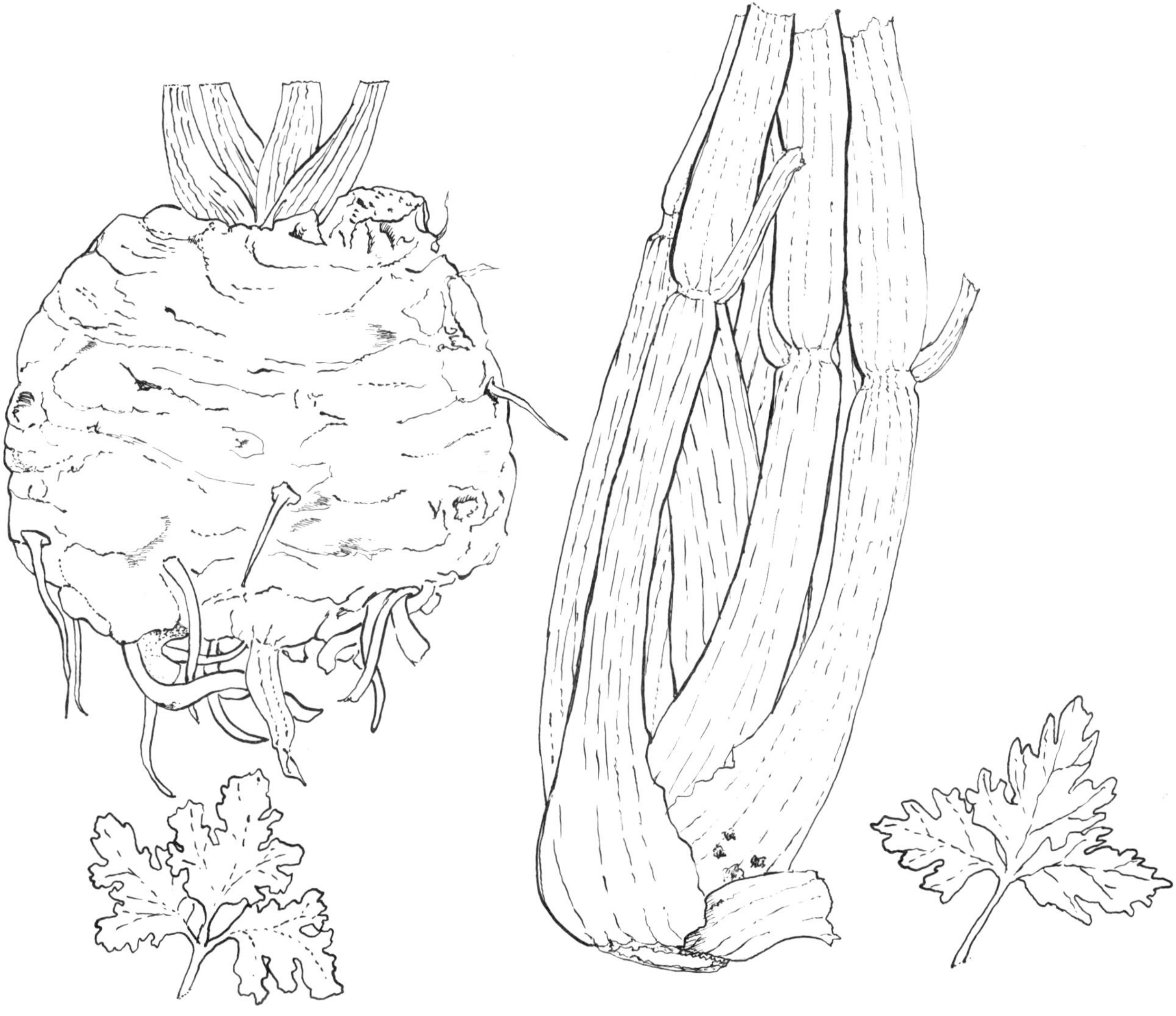

Kopfsalat und Endivie

Unter „insalata" verstehen die Italiener gesalzene Speisen. In unserer Sprache wurde daraus das Wort Salat. Kopfsalat wird erst seit wenigen Jahrhunderten aufgetischt. Er ging aus dem „wilden" Kompaßlattich hervor. Im blühenden Kopfsalat ist die Wildform noch deutlich zu erkennen. Die kleinen Blüten stehen dichtgedrängt wie die Blüten im Korb der Blumenfrau. Salat gehört zu den Korbblütlern (unten). Im Herbst wird Kopfsalat von der krausblättrigen Endivie abgelöst. Ihre Herkunft ist unbekannt. Auch Nacktschnecken mögen beide Salate.

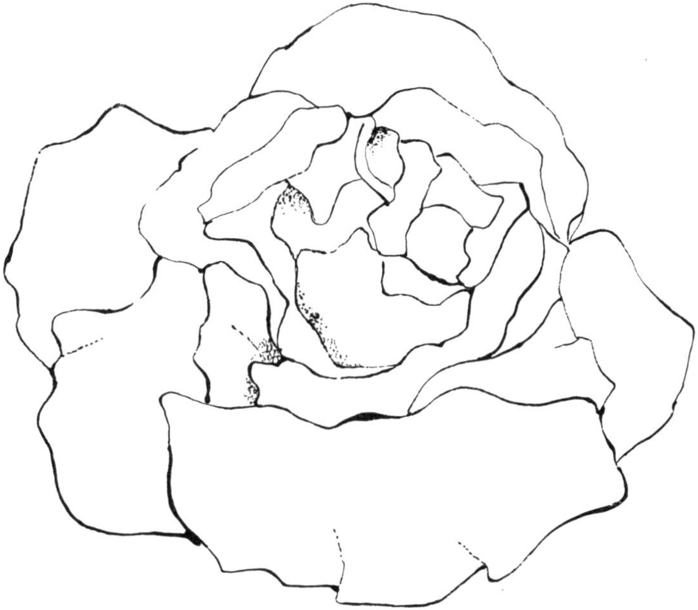

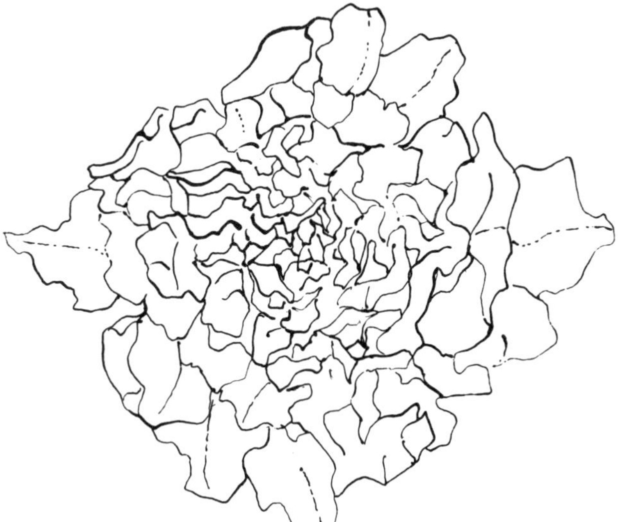

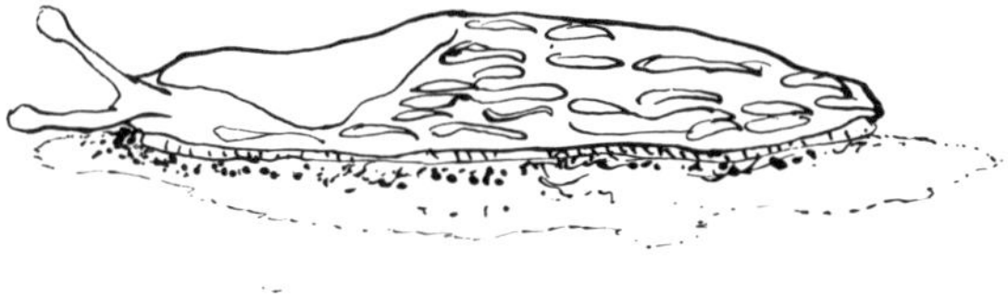

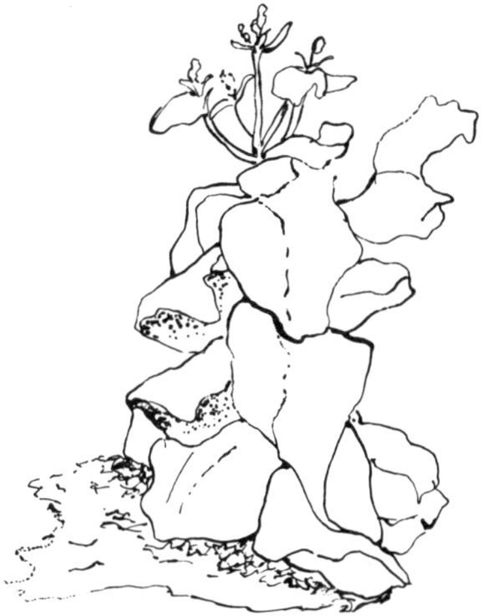

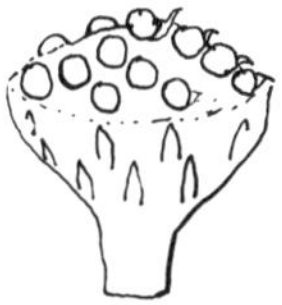

Gelbe Rübe und Karotte
Die weißen, scheibenförmigen Doldenblüten der wilden Möhre mit der winzigen roten Blüte in der Mitte hast du bestimmt schon auf unseren Wiesen bemerkt (rechts). In der Obhut des Menschen vergrößerten sich die Wurzeln immer mehr. Sie wurden dick, fleischig und wohlschmeckend. Sorten mit kurzen Wurzeln verkaufen die Gärtner als Karotten (unten Mitte), Sorten mit langen Wurzeln bieten sie als Gelbe Rüben an.

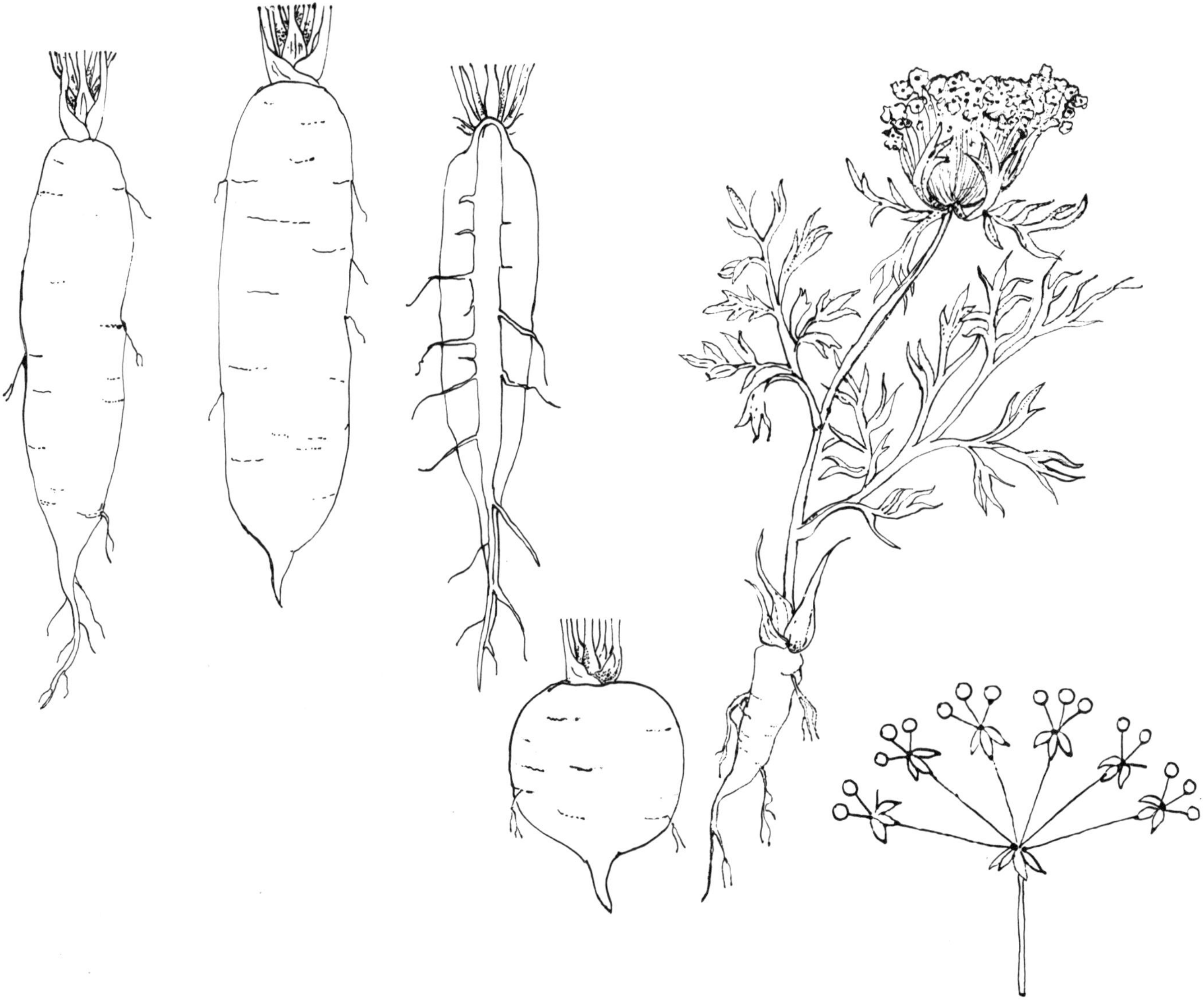

Es geht um Gemüsefragen:
1. Erkläre das Wort Gemüse.
2. Nenne die ersten Gemüsepflanzen der Menschen. Wo wurden sie erstmals gezüchtet?
3. Woher kommt das deutsche Wort Rettich?
4. Wie heißt der gefürchtetste Kohlschädling?
5. Nenne Zwiebelgewächse, die als Gemüse dienen.
6. Die eßbaren Früchte einiger Gemüsepflanzen sind Beeren. Nenne zwei von ihnen.
7. Woher kommt das Wort Gurke?
8. Welche Gemüsepflanze trägt männliche und weibliche Blüten? Aus welchen gehen Früchte hervor?
9. Welche Gemüsepflanzen gelangten erst nach der Entdeckung Amerikas zu uns?
10. Welche Gemüse stammen aus Asien?
11. Welche Gemüse gehen auf einheimische Wildpflanzen zurück?
12. Nenne eine Gemüsepflanze mit besonderen Heilkräften.
13. Welche Gemüsepflanzen vertragen keinen Frost, da sie aus warmen Ländern kommen?
14. Nenne Wurzelgemüse.
15. Welche Blattgemüse kennst du?
16. Nenne Fruchtgemüse.

Antworten
1. Das Wort Gemüse kommt von Mus. Früher wurden Gemüse meist als Mus zubereitet.
2. Rettiche (Herkunftsland unbekannt) und Küchenzwiebel (Asien).
3. Von dem lateinischen Wort „radix", die Wurzel.
4. Raupe des Kohlweißlings.
5. Küchenzwiebel, Knoblauch und Porree (Lauch).
6. Gurke und Tomate.
7. Aus dem griechischen Wort „angurion".
8. Die Gurke. Nur aus den weiblichen Blüten werden Früchte.
9. Tomate und Gemüsebohne.
10. Küchenzwiebel, Knoblauch, Gurke (vielleicht auch die Endivie).
11. Sellerie (auf Wildsellerie) und Gelbe Rübe (auf die Wilde Möhre).
12. Knoblauch. Auch vielen anderen werden Heilkräfte zugeschrieben.
13. Tomate, Bohne (auch die Gurke).
14. Rettich, Sellerie und Gelbe Rübe.
15. Porree (Lauch), Weißkohl, Rosenkohl (und andere Kohlarten), Kopfsalat und Endivie.
16. Gurke, Tomate, Bohne.